コンビニで本当にあった
あきれた出来事

石黒たつや

湘南社

はじめに

本書を手に取ってくださり、ありがとうございます。このたび、私が長年携わってきた「コンビニエンスストア」に関する本を出版する運びとなりました。なぜ、このような本を出そうと思い立ったのか、そして、何を伝えたいのかを記しておきたいと思います。

最初に自己紹介させてください。私、石黒達也は、1955年秋田市生まれ。神奈川県厚木市育ち。スーパーマーケット「ニチイ」（今のイオン）に入社しました。やりがいのある仕事で、それなりに楽しかったのですが、組織に属する会社員よりも、ひとりでやってみたい。そんなチャンスがあるのなら、チャレンジしてみたい‼　と思っていました。

そんなときです。車を走らせているとき、建築中のコンビニエンスストアを見つけました。心を動かされました。現場まで行ってみると、「ファミリーマート、オーナー募集中」の張り紙が……。

1986年のことです。当時はまだ「コンビニエンスストア」の存在は珍しく、これからという時代でした。「これは私にやってみろ、ということに違いない」と直感し、迷うことなく応募しました。ファミリーマートの本部がある横浜に出向き、「オーナーになりたい」と申し出たところ、本社にとっても大歓迎だったようで、担当者から「ようこそファミリーマートへ」と笑顔で迎えられ、即採用となりました。

当時の私（若造）は、やる気だけは人一倍あり「とにかくチャレンジしてみよう！」と燃えていました。自分の店を持つことに対する夢と期待は大きく、上司がいないというのも嬉しかった。「地域住民にとって便利で役立つ仕事。コミュニティの中心になる」。そう考えただけでワクワクしました。このように書くとなんだか偉そうですが、そんなに立派な考え方をしていたわけではなく、正直ハングリー精神からの挑戦でした。

コンビニのオーナーになった理由。それは自分の生い立ちにも関係があると思っています。秋田から神奈川県厚木市に引っ越してきました。私は中学1年生という多感な時期でもあり、慣れ親しんだ土地や友人と離れ、見知らぬ場所で生活するのが本当に不安でした。すべてを失い、借家住まいの裸一貫の出直しでしたから、両親も必死です。そんな姿を見て、子どもながらに「このままではだめだ」「なんとかしなければ」と思いました。

昔、母の実家が経営していた食料品店でのこと。小学4年生の夏休みに、棚に並ぶホコリをかぶったサイダーのビンを見たとき、「きれいにしたらいいのに」と思い、布巾で拭いて並べ直した記憶があります。商売のお手伝いも嫌いではなかったのかもしれません。

そんな私にとって、コンビニのオーナーは、魅力的な仕事に映りました。コンビニ経営とはどんなものなのか、何をしたらいいのかまったくわかりませんでしたが、３００万円の支度金を用意して、１９８６年、コンビニオーナーになりました。31歳、結婚したのもこの年です。妻の理解もあり、「よし、これから夫婦で頑張っていくぞ！」と、やる気に満ち満ちていましたが、今思えば無謀なチャレンジをしたものです。というのも、フランチャイズ契約について、きちんと理解していなかったからです。

契約した相手は大きな会社なのだから、言われたとおりにしていれば成功するし、問題が起きてもちゃんとフォローしてくれるものだと信じて疑いませんでした。つくづく楽観的で甘い考えだったと思います。

こうして世間知らずの青年は意気揚々と３６５日、24時間、店舗に張り付くことになりました。「そこで知った世の中のいろいろ」。会社員時代には経験したことのない寒風と荒波。責任が重くなるにつれ、自分の弱さ、小ささ、未熟さを知り、肩に重荷がのしかかりました。

１９８６年～「ファミリーマート」で６年、１９９２年～「ローソン」で24年。トータル30年間、コンビニ業界に携わり、２０１６年、61歳で廃業しました。

コンビニ業界を去って数年が経過し、間近に見てきて感じたことや、想いを、文字にして残しておきたい。良いことと悪いこと、あきれた出来事、忘れられない出来事、感心したこと、すべてを書き残したい。そんな気持ちにかられ、一冊の本にまとめることにしました。この本は単なる暴露本ではありません。経験談だけでなく、私自身の反省や気付いたこともたくさんあります。そして、コンビニ経営の注意点や問題点も余すことなく書き綴っています。

コンビニ時代、仕事をする中で、疑問に感じたことや怒り、なにより理不尽な思いを、自分の中に閉じ込めておくことは困難でした。その時に感じたリアルな感情をメモ書きにして書きなぐったり、パソコンの中に残すことでストレス発散し、自分自身を保っていました。悔しい出来事、やるせない出来事があった日は、書かずには、次の日を迎えることができませんでしたし、それが習慣になっていました。30年経った今も、当時のメモを読み返すと、当時の場面が蘇ります。

愚痴めいたことや、多少乱暴な物言いになっているところ、同じような内容が繰り返し出てくるところもありますが、それだけ思いが強い出来事だったとご理解ください。また、当時と今とでは、状況が異なることも多々あると思いますが、その点についてもご了承いただければと思います。

この本がコンビニ業界で働いている方々に共感を得られたり、これからコンビニオーナーになりたいと望んでいる方の、少しでもお役に立てたら幸いです。

２０２３年11月　石黒たつや

目次

「1」お客様編

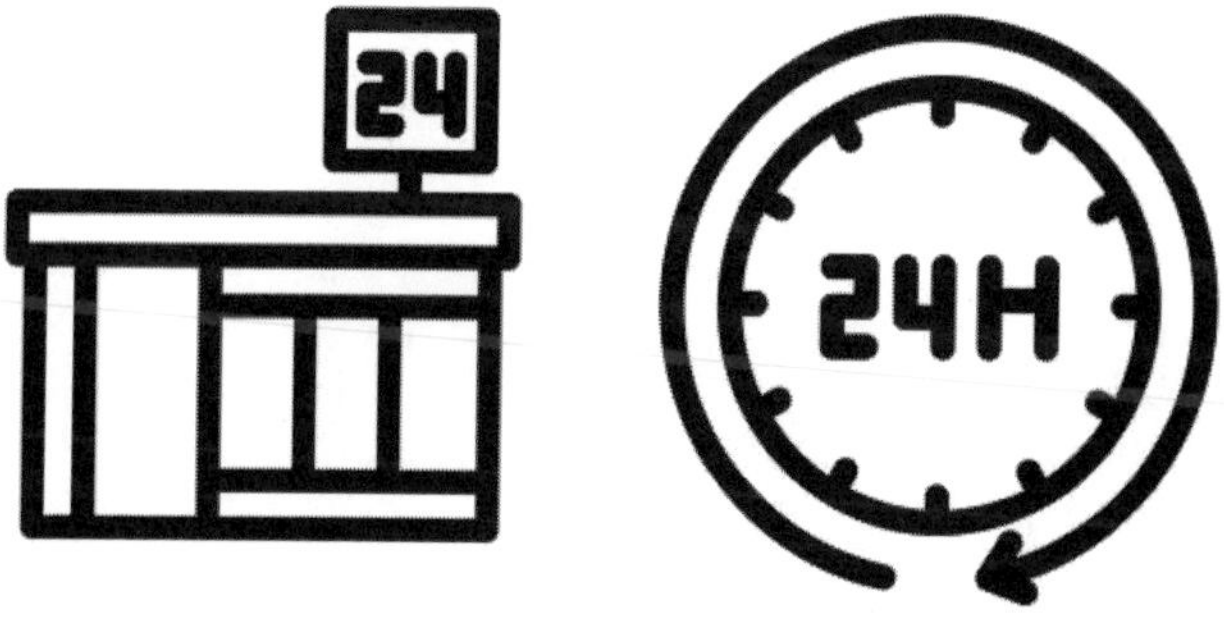

1　ハーゲンダッツのスプーン

高級アイスクリームのハーゲンダッツをいくつか購入したお客様から、電話がかかってきた。内容は「テレビコマーシャルで見たスプーンが入ってなかった」とのこと。

一瞬理解に苦しんだ。パートさんでは話にならないから、とオーナー指名で連絡があった。相当怒っているらしい。そして、お詫びに伺った。もちろん、白いプラスチックスプーンはお渡ししていたのだが、ＴＶ・ＣＭで使用されていたスプーンは、店には届いていなかったのだ。メーカーに問合せてみたが、数量が少ないため、コンビニには配布していないとのことだった。その旨を正直に伝えたのだが、許してもらえなかった。お客様は50代の男性、世の中にはこだわり派がいるものだ。納品されないスプーンは、お渡しできない。半日たっぷりと叱られた。

2　雪の日のサンダルおじいさん

珍しく雪が降った日のこと。こんな日は、危険防止のために対応する。店回りを整える。出入口周辺の雪かき、店内はモップで水気をふき取る。玄関マットを複数準備する。朝、年配の男性がサンダル履きでやって来た。案の定、心配していたことが起こった。滑って転んだ。すると、その男性は店長に向かって「どうしてくれる!!」と怒鳴ってクレームをつけた。

雪の日にサンダル履きは危ないと思うのだが、これも店の責任だと言い張る。こんなことがクレームとして扱われるコンビニ。おかしいと思いませんか……?

3　外国人の窃盗事件、国選弁護人により示談に

ある窃盗事件。外国人が来店し、棚に並んだビールを買い物カゴに入れて、大胆にもそのまま外に出ていった。社員が捕まえようと追いかけたが、もみ合いとなり、その外国人に殴られた。警察官が逮捕した。

数週間後、弁護士と名乗る男性から電話があり、会うことになった。電話の相手は国選弁護人。外国人は傷害窃盗で検挙されたが、弁護人から「示談にしてほしい」と言う(親族から7万円)。傷害を受けた社員の心と身体の傷はそんなもんじゃない。やり場のない悔しさ、怒りをどう納めたらいいのか。毎日が忙しい私たちは、受け入れた。

話を変えますが、日本は、事件を起こした経緯や加害者については徹底して調べ追及する。だが、

被害者に対する保護はない。万引きした側と万引きされた側の不公平感を感じた。執行猶予をすぐつけたがる弁護士にもあきれた。日本人は、じっと我慢する。

4　架空の大量注文を電話で受けた時のこと

電話で、おにぎり200個の予約注文があった。明日の昼、取りに来ると言う。もちろん店長はその注文を疑うことなく、仕入れの準備をした。だが当日、昼になっても、誰も取りに来ない、連絡もない。聞いた番号に電話してみたところ、「注文してない」と言う。さらにほかの店からも「同じような電話がきた」と、聞いた。電話番号はまったくのデタラメだったのだ。あー！やられた。いたずらだった。200個のおにぎりの行き場がなくなってしまった。警察に話しても取り合ってくれなかった。こんないたずらが許されてしまう日本はどうかしてる。

8時間後、行き場のないおにぎり200個は捨てられた。こんなひどい事件、どう守る？

それにしても、おにぎり注文詐欺は、いたずらで済むのか？　これは立派な犯罪だ。電話注文で完成してしまう日本の商売、こんな風習は絶対におかしい。お客様はそんなにえらいのか？　いま思い出しても悔しい、許せない？

昔は、信用で成り立つ売り掛けが普通に存在していた。信頼関係で成立した美しい文化が消えてしまったのは残念だ。

5　駐車場にゴミを放置してたむろする若者

コンビニの駐車場に改造車を停め、仲間と、ごみを散らかし放題で長時間たむろっている困った若者たち。週に3回4時間ほど停めて、カップ麺や飲み物の容器を車のまわりに放置する。もちろん片付けたことは一度もない。

毎日掃除をしていたアルバイト男子。2カ月ほど我慢していたが、とうとう限界となり、そのゴミの1つを拾い上げ、「片付けろよ」と言いながら車内に投げ入れた。すると、若者は「俺は客だぞ!!」「車が汚れた!!　弁償しろ!!」と逆切れし、言い合いになった。

店員から「訴えると言っているので、すぐ来てほしい」と連絡が入った。若者は強気の姿勢だった。だがこちらには証拠がある。監視カメラから、駐車した回数、時間、ゴミの様子を、拾い出して見せた。「この状況は営業妨害にあたるので、被害届を出すこともできるが、どうする？　警察にも相談している」と告げた。

すると、若者たちは急におとなしくなった。そして、もう店に来ないことを約束した。ここまでやらないと解決しない。だがもっと悲しいことに、数日後、店員の男の子は退職してしまった。ずっと我慢を強いられながら掃除していたのだろう。毎日店回りを掃除してくれていた彼に、忍耐を強要してしまった。

コンビニは常に弱い立場にあり、こうした状況が従業員を苦しめている。本当にやるせない出来事だった。我慢とあきらめ。いつもその繰り返しだ。私は彼を守れなかった。

6 わがままないちゃもん女

コンビニの昼は、忙しい。12時からピークで混んでいた。2台のレジに10人ほど並んでいた。そこに、眉間にシワを寄せた女性が荷物をかかえて入店してきた。

女性「宅配便、早くしてよ！」

声を荒げ威圧する態度。

店員「皆様お並びですので少々お待ちいただけませんでしょうか」

女性「コンビニでしょう。早くしなさいよ」

店員「5分ほどしましたらレジがすいてきますので、少しお待ちいただけませんか」

女性はにらみつけて、その場の空気が変わった。

並んでいる人たちは、あきれ顔。1台のレジで「ごめんなさい、すぐ、終わらせます」と声を掛け、ベテラン店員が宅配伝票の入力作業をした。その女性は、伝票記入まで店員に書かせている。当たり前のような顔をしている女性。もちろん「ありがとう」もない。

こんな時、どんなに迷惑をかけられても店は「帰ってください」と言えないのが日本のコンビニ。お客様第一主義なのだ。

毎日店を開けているとこんなことは珍しくない。いちゃもんをつけてくる人は少なくない。店員は理不尽なことも黙って我慢する。心が委縮してしまう。おかしなことに対して何も言えないというのはおかしい。そう思ってくれる人が1人でもいてくれたら救われる。

7　仮病を訴える女子中学生

「おにぎり腹いた事件」と呼んでいる出来事について。ある日、女子中学生が3人おにぎりを買っていった。しばらくして、1人が店に来て「ここで買ったおにぎりを食べた友達がお腹痛いと言っている」と言った。

食中毒かも？　と思い、すぐに救急車を呼んで、おなかが痛いという2人を病院に搬送しようとした。すると、1人が「私もう治ったから行かない」と言って、車に乗らない。これはおかしいと思ったが、もう1人を乗せて病院へ向かった。診察したところ、体調不良もなく食中毒でもなかった。お店では、食べたおにぎりに菌があるかどうか、保健機関に依頼して調べた。後日、検査結果が届き、おにぎりに菌がなかったことが証明された。

茅ヶ崎の病院に行く救急車のなかで、患者さんには症状がなかったと、救急隊員が教えてくれた。もし食中毒なら、普通は嘔吐したりするものだと教えられた。嘔吐か下痢があるはずなのに……。ただのいたずらではなかったように思う。

こんなとき、親が来るのが当たり前だと思うが、なにも言ってこない。学校からも連絡がない。店・救急・取引先、病院・保健機関、どれだけの大人が動いただろうか。結局、店長は約8時間、病院に付き添った。

当の中学生はそんなことは何も知らない。まさに食中毒偽装事件。後日、教育委員会と話す機会があり、事件や万引きの状況を伝えたのだが、関わろうとしなかった。やってはいけないことをきちんと教えない社会。親も学校も子供が間違ったことをしても叱らないし、叱れない世の中。いくじなしの大人がなんと多いことか。

8　東日本大震災のクレーマー

２０１１年３月11日、マグニチュード９・０震度７。東日本大地震から数日経った頃、クレーマーがやってきた。

当時、やっと停電が回復した時で、商品は未入荷。棚はガラガラ状況だった。そんな時に中年の男が「缶コーヒーが欲しい。棚にないぞ！」と怒鳴った。さらに、「ポイントカードにポイントを付けたい、そのためにこの店に来た」と言う。

店員「地震のため、商品が入ってこない状況です」

男「ポップが付いているのに、ないではすまない」

店員「こんな状況で、無理なこともあります。ご理解ください」

男「責任者を出せ」

ベテラン店員が出てきて「無理なことを言わないでください」と言うと、男は、「店の対応が悪い」とその場で本部にクレームの電話をした。本部から、担当者がやってきて、「あの店員を首にしろ」と言っていると告げた。

こんな時、本部は、差しさわりのないお詫びに徹する。そして、店で対応するように指導する。ただそれだけだ。お店を守ろうとしない本部。

この男は、どう見ても嫌がらせそのものだ。そんなおかしな人、非常識な人の話を素直に聞く必要があるのか。わがままなクレーマーや力のある会社の理不尽がまかり通ってしまうなんておかしい。今も思い出すたびに腹が立つ。

9　日本の接客態度は美しい？

コンビニには決められた接客用語がある。そのうちのひとつが「ポイントカードは、お持ちですか」と聞く言葉だ。店員は、ルールだから、この言葉をくり返して言う。すると、「いちいち、うるさい!!」と、怒鳴られたことがある。それでも、ポイントカードの有無を確認をしないと、それはそれで問題になるのだ。

ポイントカードを持っている人の割合が増えてきているので、レジで会計を終えた後に「これ、あるんだけど」とカードを指し出す人がけっこういる。その場合はレジのやり直しをしなければならない。「言われなかったから、カードを出さなかった」と言って、帰宅してから店に文句の電話をかけてくる人もいる。家まで謝りに行くと「バイトの教育がなってない」と、ここでもまた叱られる。

レジ対応はますます煩雑化している。そしてお客様にはいろいろな人がいる。一人一人に合わせるのは至難の業だ。日本の接客は世界に誇れるほど美しくて好きなのだが、実際の対応は本当に難しい。お客様はそんなに偉いのか。神様なのか。愚痴もでる。

10　万引きした拒食症の女性

コンビニに万引きはつきものだが、万引きを繰り返していたのは、20歳前後の拒食症の女の子だった。

店長が、商品の在庫が合わないことに気づいて、「なんだかおかしい」と連絡が入った。店長と一緒に防犯カメラを確認したところ、1カ月の間にちょくちょく来ては、パンやスイーツを盗む女性。その女性が、いつも来る時間帯に店で待機していると、ガリガリに痩せた女の子が万引きした。女性に話を聞いたところ、万引きは認めたものの、「親には言わないで!!」と懇願する。たとえどんなに頼まれても、そうはいかない。店からたくさんの食品が消えていて、結構な金額の被害を受けているのだから。

女性の両親と連絡を取り、店に来てもらった。その女性は心身を病んで、拒食症を発症しているという。親御さんに事情を説明した。親は子どもをかばうのに必死だった。

女性は背は高かったが、体重は36キロしかなく、食べては吐く、という行為を繰り返しているという。食べないといられないし、吐き出さないといられない。何かのストレスなのだろうか。そんな病気があるのかと改めて認識した。他者に向かわず、自分を責めて傷つける。真面目な人ほどそうなってしまうのかもしれない。

親御さんはずっと謝罪の言葉を言い続けた。「申し訳ありません。もうさせません。ごめんなさい」と私と社員に向かって、何度も繰り返した。

警察に届けはしたが、結局事件にはしなかった。

もちろん、万引きは罪だ。本人と両親が必死に真剣に謝罪し、その気持ちが伝わってきたこと。二度と万引きをしないことを約束したことで許すことにした。万引き相当の金額は支払ってもらった。その後、その女性は二度と店に来ることはなかった。やるせない事件だった。

11　キャンセルできないチケットで脅迫

こんなこともあった。コンサートのチケットを、コンビニの機械（ロッピー）で買ったおじいさん。おじいさんは、機械の操作ができないので、店員の女性が手伝った。おじいさんの言うとおりに購入した。ところが、数時間後におじいさんがやってきて、「日付を間違えた!! 返金をしてほしい」と言ってきた。

チケット販売には、一度購入したら返金できない、というルールがある。気持ちはわかるが、契約書にもそう書いてあるのだ。

「ルールとして返金はできないことになっている」と伝えたところ、おじいさんは大変な剣幕で怒り出した。店員はおじいさんに言われたとおりに予約手続きをした。おじいさんの事情でキャンセルを希望したのだから店員は悪くない。

「なんでだ!! 3時間前に買ったばかりなのに、返金できないのはおかしい!!」と大声を出した。キャンセルできないなら店舗で大声を出す！ と脅迫めいたことを言い出した。

店内で騒ぎだしたので、店員は仕事ができなくなった。他のお客様にも迷惑がかかる。ルール以上のことは、店長またはオーナーしか関われない。連絡を受けたオーナーが来て、「では、やってみましょう」とおじいさんをなだめた。

店長と一緒に解決策を探ることにした。イベント会社に問い合わせし交渉したところ、返金手続きをしてもらえることになった。

おじいさんに「とりあえず返金しましょう。あとはうちでやりますから」と伝えたことで、なんとか収まった。おじいさんの気持はよくわかる。チケット販売はやっかいでむずかしい。

12　客の間違いにも頭を下げるコンビニ

コンビニは、さまざまな支払いに応じている。電気料金もそのひとつだ。ある日、80歳くらいのおばあさんが、電気代の支払いに来た。振込み票を何枚も持ってきたが、そのうちの2枚をレジカウンターに差し出した。

「支払期限10月1日」と「支払期限11月30日」の2枚の用紙だった。店員がおばあさんに、「2枚一緒でよろしいですか?」と確認したところ、「こっちを」と11月30日の用紙を指さした。店員は言われた通り、電気代の処理をした。それが昼前の時間帯。

同じ日の15時、おばあさんから店に電話が入った。「私が頼んだのと違う方が処理されている」と怒っている。「すぐに謝りに来い。なんとかしろ。早く来ないと暗くなるので鍵を閉める」と矢継ぎ早に電話口で怒鳴っている。よく聞くと、「支払期限10月1日」の方を処理したかったらしい。自分で指定した振込用紙が違っていたのに、お店の責任にし、それを通そうとしている。防犯カメラに証拠もある。店からの説明など聞く耳をもたない様子なので、店長が、おばあさんの家まで説明に行ったが、まったく話にならず、謝れと責めるのみだった。今度は私が出向いた。

電力会社に連絡した。内容を伝え、処理した11月の用紙はキャンセルし、振込用紙を再発行してもらうことになった。10月の振込用紙はこちらで処理し、再び訪問し、ようやく事を収めた。結局2往復し、5時間ほどかけて後始末した。

昔は、電気代も税金も役所や銀行で支払うものだったのに、今はコンビニが代行している。そしてそれを当たり前のことのように思っている。さらに言えば、店に強く言えば何でも解決できると思っている。クレーマーに対して頭を下げるしかないコンビニは大変です。

13 コピー・FAX代金を踏み倒しそのまま帰るチンピラ男

20年以上前の話。コンビニに設置されていたコピー機やFAX機が重宝されていた。家庭で手軽に使える時代ではなかったので、その利用者がよく来店していた。

ある日、チンピラ風のお兄ちゃんがやってきて、FAX機を使用した。そして、そのまま店を出ていこうとした。それを見ていた女性店員が「まだお金を払ってない!!」と言いながら追いかけ問い詰めた。私も呼ばれて見に行くと、二人が押し問答になっていた。

今のコピー機は、料金先払いで稼働するが、当時は、使用後にレシートが出てきて、そのレシートをレジに持って行き清算していた。だから、未払いのまま帰ることもできたのだ。

そのチンピラ風の男は、慌てていたのか、コピーの上にセカンドバッグを置き忘れていて、女性店員がバッグをしっかり持って離さない。逃げることもできない男は観念した。

警察に通報したところ、なんとその男は札付きの悪だった。他の店でも同様の悪事を働いていたらしい。たった数十円の利用料をふみたおすとは情けない。

14　店員の防犯腕章に「ものものしい」「気分が悪い」

防犯と書かれた黄色い腕章。本部の判断ではなく、私の判断で腕につけるよう指示をした。ところが、お客様から「こんなものつけて、ものものしい」と言われた。「気分が悪くなる」とも言われた。社員からそう報告があったが、私は「気にするな」としか言えなかった。

防犯対策の一助になればいいと思って試みたのだが、「ものものしい」ととらえる人もいるのだと知った。いろんな人がいる。

こちらの対応としては、そのような言葉を発せられても、何も反応しないようにしている。もちろん、大切なことや問題につながるような意見に対しては誠実に応えるが、そうではない、単なるいちゃもんや八つ当たりには、下手に返事をしない方がいい。次の言葉を待っている人には、何か言うと「さっきこう言っただろう」とやり返してくるのがオチなのだ。

何か言われても、笑顔でニコニコして言葉を発しない。これも、この仕事で学んだ処世術。

15　万引きの常習犯。「お前の顔写真はすでに警察に出している」

この仕事をしていると、雑誌の盗難も少なくない。雑誌は高額な商品なので、週に2～3冊盗まれ、何カ月も続くと、被害額は相当なものになる。

コンビニは、たいてい窓側に雑誌コーナーが設置されているので、店員からは背中しか見えない。防犯カメラが、雑誌コーナーを写してはいるのだが、仕事中に店員が常時カメラを見ているわけにはいかない。在庫確認することで、盗まれていることがわかる。防犯カメラを確認して犯罪が発覚するのだ。そして犯人が来るのを待って捕まえる。

雑誌を盗んだ男は自転車で逃げた。こちらも走って追いかけたが、捕まえることはできなかった。警察署の生活安全課に相談した「じつはカメラには証拠が写っているがどうしたらいいか」と。すると、防犯係の人がカメラの中身を編集し、フロッピーディスクにまとめてくれた。

その男が来店し、また雑誌を盗んで逃げようとしたとき、男の背中に声をかけた。「お前の顔写真はすでに警察に出している」。「警察と連絡が取れているけど、どうする」と聞くと、その男は事件になるのを恐れ、犯罪を認めた。万引額はトータル5万円になっていた。現金で支払い、この事件は解決した。きちんと整理整頓しながら、本をひとつひとつ並べている社員の身にもなってほしい。万引きする側は、そんなことはおかまいなしだ。警察の協力に感謝です。

16　無機質、無反応は空しい。あいさつは率先してやる

店員が「おはようございます」と大声で挨拶しても、返事はほとんど返ってこない。それが普通だし、むしろさっさとやれ、という無言の圧力を感じることもある。無反応には慣れた。が、これは慣れるべきものだとは思わない。

コンビニの仕事を始めた当初は、そんなことはなかった。社会が変わってきたところかもしれない。便利さに慣れ、感謝の気持ちが薄れているのだろう。昔の商店街は、店と客の間に暖かい空気が流れ、コミュニケーションも活発だった。日本にはそんな文化が存在していたけれど、今はそうではなくなっている。無機質で殺伐としている。何も言わない、声をださなくても生活はできるの?

私は外食しても、店を出るときは必ず「ごちそうさま」とあいさつをする。何も返事がなかったとしても、もしかしたら店の奥にいる調理人に声が届いているかもしれない。もし聞こえていたら、そ

の言葉は励みになるし嬉しいと感じるはずだ。声掛けは率先してやるべきだ。

17 「コンビニ弁当」は、まずい安いの代名詞?!

コンビニのお弁当は、おいしくなった。美味しさ追求のために、相当な努力、研究されてきた成果なのだが、いまでも、「まずかろう安かろう」の代名詞的に「コンビニ弁当」が使われる。これはあまりにもひどい。悔しい。

ほぼ毎日コンビニ弁当を買いに来る人がいる。きっとお弁当がなくなったら困ると思う。利用している人が大勢いるのだから、少し感謝の気持ちを表現してくれたらうれしい。

コンビニの現場は頑張っている。人員不足のなか四苦八苦しながらやりくりし、休日もとれずに24時間お店を開けている人達を、もっと優しく見守っていただけないだろうか。きっと今日も彼らは努力し続けることでしょう。

「2」店舗・社員・アルバイト編

1　見習いオーナーが断わりなくアルバイト引き抜き

こんなことがあった。コンビニ経営を目指して見習いに来ていた50代のアルバイト男性。1年が経過した。なんと、自分の店を出店するとき、昼のパートさん2人と夜勤アルバイト2人を引き抜いていった。高額時給を条件に話を決めていた。

もうビックリ！　ひどい裏切りだ。怒りを通り越して唖然とした。

それでもオープンの日には、お祝いの花を贈り、オープンセレモニーで挨拶をした。引き抜かれたパートさんがそこにいた。心はズタズタ、人間不信に陥った。こんなことが平然と行われる。以来、何があっても驚かなくなった私がいる。人を恨むこともやめた。自分を苦しめるだけだから。

2　新人アルバイトに教えると激怒

新人女性アルバイトに、揚げ物の作り方を教えた。用事があったので外出し、数分後に戻った。彼女の口のまわりに、コロッケの衣がついていた。私の視線を感じたのか、慌てた様子で「味見をした」と言う。

あーこれはダメだな、と感じ、丁寧な口調で「商品だから、そんなことしたらよくないね」と諭《さと》した。かなり優しい口調で話したと思うのだが、逆切れ。「こんな店、つぶれてしまえばいい」と言い捨てて、店から出ていった。それきりだった。今では、それでよかったのだと思う。

3　棚卸しの内部不正

3カ月に一度、棚卸しをする。在庫に不足があるときは、万引きと内部不正があると思っていい。20年前、多いときは数十万円出ることもあった。

近頃は、管理がしっかりしたため、被害は少なくなったが、それでもドキドキして結果を待つことになる。

4　野球チームの試合は出勤扱い?!

オフタイムを楽しんでもらいたい、と野球チームを作り、ユニフォームを揃えた。リクリエーションの一環として仲間づくりをしてもらいたいと思ったのだが、試合の最中に聞こえてきた言葉に驚いた。「今日の試合は、出勤扱いになるよな」だった。悲しくなった。人をまとめるのは難しい。これからはもっと難しくなっていくだろう。

5　便器にトイレットペーパーを詰められる

コンビニのトイレはとても助かる。今ではあたりまえになったコンビニトイレ。利用して「ありがとう」の言葉ひとつもない人が多い。それだけならまだしも、トイレの排水口に巻いたトイレットペーパーを詰め込まれて、使えなくなったことが何度もあった。その処理と片付けをするのは店員だ。なぜこんな嫌がらせをするのだろう。便利に使ってもらうのが目的なのに、万引きする場所、いたずらする場所になってしまうのもコンビニなのだ。

6　養護施設出身のアルバイトが金庫から窃盗

養護施設を出た笑顔の可愛い18才の少年。アルバイト2年、社員2年、そして副店長になった。努力が認められたのだ。

しかし時々、金庫のお金が合わないと店長から報告が来るようになった。

金庫を扱うことができるのは、店長と副店長だけだ。オーナーを含めて3人で話し合った。初め、その少年は「知らない」ととぼけていた。さらに、市役所からも連絡があった。国保、保険料が長期未納だったのだ。いったい何があった？

じっくり、ゆっくり話をして、ようやく正直に語った彼は「お金が欲しかった」と言った。体調の良くない母親から、無心されていたのだ。アパートを借りるための、消費者金融2社のローン返済額も大きかった。高金利の負債を確認した。

もちろん、悪いことをしたのだから許されることではない。あまりに簡単に借りられる消費者金融機関に疑問を抱く。自立できていない親を抱え、生き方を知らずに、その日を生きている若者がいた。世間知らずの少年が、社会に放り出された現実が見えた。

オーナーと彼は、市役所に出向いて説明した。ローンはいずれ返さなければならない。盗んだお金は分割して返された。

7　ガングロ女子高生の初出勤

アルバイトの面接に来た女子高生。店長は普通のまじめな子だったので採用したと言っていた。彼女の初出勤は夕方からの勤務。店長は、はりきって指導する段取りを整えて待っていた。が、制服に着替えた彼女の顔は黒かった。今では、なつかしい「ガングロ」だったのだ。

店長から私に、レジに出していいか迷っている、と電話があった。「どうして今日は顔を黒くしたの？」と彼女に聞いても、何も答えない。ガングロがなぜいけないのか、わかってもらうにはどうしたらいいか。

「このお店では、おじいちゃん、おばあちゃんから子供まで、多くのお客様に明るく清潔に感じてもらいたい。そのためにみんなで努力しているのね」「面接した時のようにお顔を戻してきてくれれば、お仕事してもらえるんだけどなー」と、やわらかく説明した。

しばらく、じっと考えていた彼女は、「じゃあ、いいです」と言って帰っていった。新鮮な出来事だった。かなり気を使った1時間。彼女はじっと考えていたが、何をどう考えたのだろう。簡単には理解できない。「ダメ」という言葉は使えない、優しく伝えなければと思い、頭の中はフル回転だった。女子高生の気持ちを理解するのは難しい。今頃、彼女はどうしているのだろうか。

8　夜勤の18歳少年がレジから着服

防犯カメラに映る夜勤勤務の18歳男子。レジを開け、5000円札を左ポケットに入れていた。朝、店長に夜間問題はなかったと報告して帰った。コンビニは、日に何度かレジ点検をして現金と売上高が合っているか調べる。おかしい。もう1度やったが不足がでた。さらに、もう1度やってみた。やっぱり5000円足りない。点検に間違いはない。お釣りの渡し間違いかもしれないと思い、その日のビデオ録画をすべて調べてみた。早朝、行われていた画像を見つけた。こんなとき、一番思うことは、裏切られた虚しさ。

この子は、沖縄から出てきたばかりで、保護者のおばあちゃんが一緒に謝った。泣いて、もう絶対にやらないと約束した。それから何度も遅刻をするので、仕事仲間から嫌われはじめていた矢先、またお金を着服した。コンビニは、従業員同士協力しあい、助け合いながら24時間を消化している。人を疑いながら仕事はできない。

繰り返される現実。

9　少年からの突然の「有給」要求

突然、電話がなった。今まで、話しかけても返事もしないタイプの男子アルバイトからだった。話を聞くと、「有休をくれ」と言う。もし、だめなら労働基準監督署に訴えるという。さらに、ボイスレコーダーで録音している、と必死に話す。息が荒い！　緊張しているのか。誰かに教えられたのかな？と、思いながら、以前、無断で仕事を休み、長い間、連絡が取れないでいたこと。そして、脅迫のような物言いはどうなんだ？　と、告げた。

人が不足しているコンビニでは我慢して、再雇用してしまう。労基で争ってもいいが、なによりコストがかかる。1件10～20万円かかった経験があった。

筋を通したい自分がいるが、ばかばかしく思ってしまう。他のアルバイトが、「そんなやつ居ない方がいい、シフトは僕がはいる」と熱く言ってくれた。こんな人がいるから救われる。

結果、今後仕事をしないことを条件に、有休扱いにした。権利を主張して義務を果たさない少年。悔しい！　情けない！

この話には続きがある。有給は当たり前の権利、と教えたのが、なんと本部の若い社員だった。これまで笑顔で仕事をしてもらうことを一番に考え、多くの人と楽しくやってきたのに、こんなことが時々おきてしまう。本部には頼れない。役所は事情など聴かない。

10　労働基準監督署を知らなかった経営者

ハローワークからの紹介で社員採用した副店長。その積極的で謙虚な青年が、労働基準監督署（労基）に訴えた。連絡を受けたが、思い当たることは何もない。社員は、お店の責任者としてパートさん、アルバイトさんの出退勤と自分の管理も任されている。

訴えの内容は、「夜勤の残業手当を支払っていない」というものだった。私は、夜勤の残業手当ではなく、お店の管理手当として、「ボーナス」を支払っていた。何も疑問を持たなかったし、コンビニ経営者仲間も、同じようにしていると思っていたが、そうは解釈されなかったのだ？

労基署からは「ボーナスは給与と性格が異なる」とひと言。納得がいかず、社会保険労務士に相談し、労基で40分ほど話し合ったが、こちらの言い分は何も聞いてもらえず、結局青年に１２０万円支払うことになった。社労士への報酬が20万円……。

青年がうつ病を患っていたことを、診断書を見せられて知った。診断書というのは、依頼さえすれば作成してもらえる書類なのだと知った。私に労務管理の知識がないために起きた出来事。

夜勤の残業手当未払い↓労働基準監督署に訴え↓ボーナスは給与ではない。

労基は労働者に寄り添うものであって、経営者の意見など聞き入れてもらえないところだった。また一つ勉強になった。

11　パートさんのいさかいを収める

きちんと意見を発言できる人は、まっすぐに主張する。そして、もめやすい傾向にある。「こうした方がいい」「こうした方がよくなる」という前向きな意見なのだけれど、意見が異なれば、どうしても対立してしまう。そんな時は私の出番。

まずは話を聞く。最初は解決してあげようと思って聞いていたけれど、解決できない問題も多い。間違いメールが届いたとか、送ってないとか、時には噂話など。じっくり聞くことしかできなかった。それでよかったんだと思う。まず、話はよく「聴く」ことが大事。

12　シフト調整は難しい

従業員のシフトは店長が決める。面接時に、勤務の希望を聞くのだが、これが意外にあてにならない。「レジをやります」と言っても、それができない人もいる。中には積極的な人がいて「なんでもやります」と言う人はありがたいが、臨機応変にできない人もいる。

勤務時間の希望を考えながら、誰をどこに配置するのか、ひとつひとつ決めていかなければならない。「私がやります」「もっとやれます」という言葉は救世主のようにありがたい。

いつも二人で組んでやっているパートさんの場合、一人がこれなくなると、「私一人じゃできない。自信がない」というよう人もいて、人それぞれに事情がある。従業員が仕事を休むと、一から組みなおさなくてはならなくなる。シフト調整には苦労する。簡単に「辞めたい」「休みたい」と言わないでほしい、というのが本音だ。それを考えると胃が痛い。複数の店舗があると、それだけでひと仕事になる。わかってもらえるだろうか。

13　クリーンネス維持で表彰される

店はきれいな方がいい。コンビニを始めて10年ほどは、店舗のクリンネス（清潔さ）を競うイベントが毎年あった。陳列棚のホコリをふき取り、床を磨いた。床の光沢度を測って、ランク付けされた。売り上げがよくなかったため、一生懸命に努めた。結果何度か表彰された。いい思い出になっている。

61歳で廃業する時、本部とのやり取りは言えない部分がある。しかし、店を手放すとき、引継ぎがスムーズにいったのも、清掃を怠らずに美しさを維持したからだと思っている。辞めるときは、それまでの店での印象が大切だ。

14　時給・手当等のランク調整

給与・手当のランクを決めるのはオーナーの仕事だ。給料、時給は、社員、アルバイトの評価を表す。明確な評価が何よりも大切だ。アルバイトから社員になる人は、仕事への向き合い方が違う。ルーチン業務をしっかりこなし、店の出来事を真剣に考え、提案する。店が困ったときに積極的に行動する人は、しっかり評価することが何より大切になる。お店の成長は人の成長と一緒だと思う。

15　従業員に関することはすべて店主の責任

コンビニオーナーは忙しい。商品を仕入れ、店頭に並べ、売るだけではない。求人・雇用・管理・労務・クレームなど、従業員に関することは、すべて店主の責任となる。30年の間、人員が満ち足りていた時はほとんどなかった。オーナーが24時間店にいることもよくあることだった。そんな状況でいい店ができるはずはない。求人チラシを入れても、応募が少なくなった。次第に心まで疲れてくる。それに負けない心を持っていないと続かない。今、経験値を積みタフになった。

従業員のモチベーションを保つのも店主の仕事だ。私は朝5時半に家を出る生活を20年続けた。夜勤クルーに「おはよう」と言うために。

16 日本の美しい文化「気配り、心配り」とは

日本の文化に「気配り、心配り」がある。とてもいい言葉で大好きだ。しかし、多くの人が勘違いして使っているように思えてならない。理不尽なことにも我慢しているのではないか。

人にやさしい応対をする
人の話をよく聞く
礼儀正しくする
頭を下げる
トラブルは避ける

これらは正しいものと思われがちだが、「腰が低い人はいい人」「我慢強い人がえらい」わけではない。

コンビニには、色々な人がやってくる。以前は「俺は客だぞっ」とやたら威張るクレーマーがけっこういた。今でも、口には出さないが、内心そう思っているだろうと思える輩がいる。

大きな会社、組織の中にいる人は、自分がえらくなったと勘違いして、上から目線の横柄な態度や威張ったり、人を見下す物言いや態度になる。弱い立場の人は、従順にせざるを得ない。肩書や立場が、言葉を暴力的にしているのだろう。

「コンビニには入りやすい、コンビニには言いやすい」のだ。誰でもウェルカム。来客万歳。それは本部のねらいでもある。だが、店員だって人間だ。人として、とてもプライドを傷つけられながら一日仕事をしている。ということをわかってほしい。

「ダメなものはダメ！」「お客様は神様ではない！」と大声で言いたい。言葉の暴力は、人を委縮させてしまう。店は来店者を選ぶことはできない。

接客のマニュアルがあり、店員は研修期間に学び訓練する。最初はドキドキしながら接客する。海外に比べ、お金の授受の仕方一つとっても、日本の接客は丁寧だ。

でも、そこまで必要なのか、と思うのも本音だ。行き過ぎの接客は必要ない。

17　コンビニ店舗の売上げはすごい

コンビニの売上額はビッグだ。1日50万円売り上げていれば、平均より上だと言われていた。月1500万円、年1億8千万円。1店舗で2億売り上げている店も少なくない。

コンビニを4店舗経営していたときは、トータルで7億2千万円の売り上げ額になった。意外と知られていないが、売り上げの額は大きいのだ。

売り上げの金額が驚くような数字だとしても、儲かっているわけではない。社員5名、パートさん60名の給与や本部へのチャージが飛ぶように出ていく。コンビニの売り上げ額だけはすごいのだ。

18　国民健康保険料の未納問題

従業員を採用して知ったことがいくつかある。国民健康保険料を払っていない若者が多いこと。保険料未払いの現実。若い人には低所得者が多く、生活するだけでせいいっぱい。だから、保険料や税金は払いたくない。というのが本音のようだ。

長期の未納が続くと、市役所から給与支払いがなされていることを証明する「給料支払確認書類」が届く。こんな書類があることも初めて知った。コンビニオーナーのなかには知らない人もいるはずだ。

後日、市役所に出向き、説明した。これも雇用主の責任となる。それにしても、国への支払いをしない人のなんと多いことか。

19　面接では見抜けないコンビニに向いている人

コンビニの仕事は多岐に渡る。商品はもちろん、コピー、ＦＡＸ、宅配、チケット販売など数え上げればきりがないほど、多彩なサービスを提供している。最近、特に多様化しているのが支払い方法だ。現金、クレジットカード、電子マネー、ポイント払い、と決済方法だけでも何種類もあり、各種ポイントカードもある。これらは増える一方で減ることはない。より複雑化しているので、スタッフがすべての業務を覚えるのは至難の業だ。

これらをテキパキとこなせる人がいるかと思えば、なかなか覚えられず、とにかく時間がかかる人もいる。ところが初対面の印象が、のんびりおっとりしている人が、20年のベテランになっていたりする。辛抱強く、打たれ強く、時間とともに力をつけて伸びていくタイプが向いているのかもしれない。

一方、最初から覚えるのが早くて要領よくこなす人は、貴重な存在だが、割と早く辞めてしまったりする。

これまでたくさんの方々と面接してきたが、向いている人を、面接時に見抜くのは本当に難しい。

以前は、新聞の折り込みを使って求人広告を出すと、すぐに問い合わせがあり採用が決まったものだが、いまは、ネット広告、会社のＨＰに掲載し、店頭に張り紙を出しても、働きたいという人は少ない。やってみると楽しいし、学ぶこともたくさんあるのに残念だ。時代の流れは変わった。

20　バイトからリーダーへ

経験を積んで成長すると、バイトの子は「リーダー」に昇格する。自分の頭でしっかり考え、動く。バイトやパートさんに教える立場になる。責任感が生まれ、さらに成長する。若い力はすごい。

昔、長く勤めあげた古株が牛耳っていた時代があったが、たとえ多くの知識と経験を積んだベテランでも、流行の変化についていくのは簡単でない。若者が率先してきびきび働く姿は活気があり見ていて気持ちがいい。新人にもいい影響を与え、店の雰囲気もよくなる。

うちの店には、そんなしっかりした子がたくさんいた。その子たちは、どこにいってもやっていけるだろう。人に恵まれたことに感謝したい。

21　万引き兄弟は常習犯

万引きが頻発していた。防犯カメラに映っていた兄弟は週に2〜3回、万引きするために来店していた。食品、飲料水、おむつまで盗んでいた。生活に必要なものをまるで冷蔵庫がわり。警察に相談したところ、常習の万引き家族だと教えてもらった。堂々と犯罪をする家族。常識も法も通じない。

「3」銀行・信用金庫・警察・警備会社・役所編

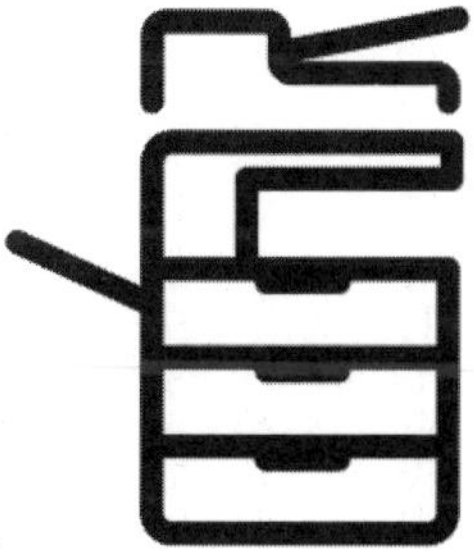

1　脱サラで知った厳しい現実

30才で脱サラし、コンビニ店をスタートして、すぐに厳しい社会の現実を知った。小売店は釣銭が必要になる。両替をしようと、近所の信用金庫に行ったときのことだ。これから両替などでお世話になると思い、支店長に挨拶をしたとき、思わぬ言葉が返ってきた。

「それなら預金するか、お金を借りるかしてもらわないと困る」。

世間知らずの甘い自分。厳しい現実を突き付けられ、一瞬にして全身が凍りつき、すぐには言葉が出てこなかった。そう言われたからには、お金を預金するしかない。その信用金庫にわずかだがお金を預けた。あのときのことは忘れることができない。

20年以上経過し、店舗が順調に増え、信金さんとは長い付き合いとなった。さすがに私の顔も覚えてもらい、会話もできるようになったが、信金さんの「コンビニに対する軽視」は変わらなかった。なぜそう思ったのかというと、信金でローンを組んだ時。借り入れの金利は決まっているものと思っていたのだが、後になって、借りる相手によって、変えていることを知った。なめられたままだったのだ。平等などなかった。

縁故や紹介がないと始まらない。これは銀行も同じだ。店の拡大にはどうしても投資が必要となるが、信金でのこの一件以来、融資はすべて金融公庫にお願いした。身なりで人を判断するナンバーワンは銀行だろう。「契約書をちゃんと読まない方が悪い」と突っぱねる容赦ない銀行のやり方には憤然とする。信金も銀行も好きになれない。むしろ嫌いだ。

30年やっても信用を得られないコンビニ。

2　破損や汚れ硬貨を銀行で両替

一部破損の紙幣、汚れたり、焼かれた硬貨が、ある程度溜まると、銀行に持っていき、両替を依頼する。数日かかると教えられた。日銀に送って紙幣や硬貨を調べるためだ。気が重い面倒な依頼だった。

汚れたお金はコンビニに集まりやすいのか!?

3　信用金庫の窓口女子行員が領収書を要望

売上は毎日本部に振込む。ある日、顔なじみの窓口の女子行員が、小声で「未記入の領収書をもらえないか」と言ってきた。いくら困っているからって、コンビニを便利に使いすぎていないか。

コンビニは軽く見られている。もちろん断った。

4　警察署の正月弁当

私は、コンビニのオープンを６回経験した。何回経験しても、初めてのような緊張感がありドキドキした。スタッフとともに苦楽を共有した。引退した今、それぞれの店に忘れがたい思い出があり懐かしい。

警察署からの依頼で、正月三が日、お弁当の配達を３年間続けた。内容は、留置場にいる人に昼食を届けるというもの。警察の生活安全課、防犯係と防犯対策で交流があったために来た話だった。正月は、仕出し弁当屋さんがお休みだったのだ。弁当の中身も任された。牛丼と鮭弁当。こんな経験も今では懐かしい思い出。

5　警察、タクシー、コンビニと防犯対策協定

２０１０年5月20日深夜、平塚で、タクシー強盗殺人事件が起こった。店が犯行現場に近かったため、警察が何度も防犯カメラの確認に来た。生々しいこの事件は、いまだに解決されていない。深夜、真っ暗な場所での客の乗降は危険を伴う。ドライバーは、常に恐怖と隣り合わせだろう。

当時私は、平塚エリアの「コンビニ防犯協会」会長を務めていた。少しでもこのような事件を減らし、防犯に役立てたい、という想いから、警察署の生活安全課防犯係長と話し合い、安全対策を練った。そして、コンビニ業界とタクシー業界の間で協定を結ぶことになった。照明が灯るコンビニの駐車場を利用することにしたのだ。真夜中のコンビニは、夜勤担当のスタッフにとっても緊張感がある。タクシー会社にとっても、暗い夜道での乗降よりも、コンビニの明るい駐車場を利用できるのは安心だ。双方にとって、メリットがある。

この協定は、安全対策として素晴らしいと称賛され、表彰された。

6　25年以上在籍した「コンビニ防犯協会会長」

コンビニ経営の間、ほぼ「コンビニ防犯協会」に在籍していた。厚木のファミマ時代は副会長、ローソン時代は会長だった。「コンビニ防犯協会」というのは、エリア内のコンビニエンスストアが入会していたのだが、仕事の話だけでなく、情報交換や愚痴をこぼすこともできた。やってきてよかったと思っている。防犯においても、警察署との距離が近づいた。警備会社と契約をしてはいたが、何の役にも立たなかった。警察署と仲良くなった方が話が早い、と感じたのも本音だ。ネットワークを広げ、様々な立場の方々と知り合えたおかげだ。私の店舗では、警察と協力して防犯訓練を数回行った。

7　警察は行事やセレモニー（式典）が大好き

ＡＴＭで振込詐欺を未然に防ぎ、警察署に表彰されたことがある。お店で防犯訓練をした時は、マスコミが多数集まった。

警察というところは、セレモニー（式典）を重視するのだと感じた。マスコミを巻き込んで、表彰式やイベントなど大掛かりに行う。

また、タクシー業界とコンビニ業界の協定を結んだときは、各新聞社やテレビ局が集まり、取材を受けた。新聞にも掲載されたが、マスコミの力はやはり大きい。行事やセレモニーはそれなりの効果がある。

当初、警察は敷居が高く、近寄りがたい存在だと思っていたが、長い付き合いのなかで信頼関係が生まれ、協力関係に発展することができる。何より、困ったときには相談できる。コンビニは、トラブルがつきものだから、警察とは仲良く付き合ったほうがいい。

8　器物破損で訴えたいこといろいろ

駐車場のバリケードを蹴って壊す中学生3人組。壊して満足だったのかな。酔った女性が玄関のガラスをハイヒールの踵で蹴って出ていった。ガラスは当然割れたので、修理した。彼女は知らないだろうが……。

これらは立派な器物破損です。こんなやるせない出来事、コンビニ経営をしていると少なくない。いずれも保険を使って修理した。

9　防犯カメラの役割が変わった

昭和は現行犯でないと逮捕できなかった万引き。平成、令和と防犯カメラの設置が増え、機能が進化し、画像がますます鮮明になった。そのため、事件や犯罪が起きた時、画像が重要な証拠として扱われるようになった。この30年、警察の対応も変わった。

テレビのニュースでよく取り上げられているのがコンビニの防犯カメラの映像だ。店内、店外に設置された防犯カメラが近隣の事件解決に役立つようになった。たとえどんな言い訳をしようとも、カメラに映った映像を見れば一目瞭然。論より証拠だ。警察にとって、防犯カメラはなくてはならないものとなった。

10　安易に防犯ベルを押さないで

警察署生活安全課課長の言葉。「安易に防犯ベルを押されたら、たまらない」「車と人員が何人もとられてしまい、仕事にならない」と告げられた。

エー？　日本人はトラブルがあれば、すぐ警察を呼ぶのが当たり前だと思っている。まさか警察署でそんな言葉を聞くとは……。私と何度も会って話しているうちに出てきた本音なのだろう。

考えてみると、深夜営業をするコンビニ、スーパー、ドラッグストアは、5万5000店を超えている。たとえ防犯カメラがあったとしても無防備には変わりないし、この言葉に無理はない。

警察というと敷居が高く怖いイメージがある。免許の更新のときくらいしか縁がない。私は仕事柄、警察署によく足を運んだ。いい人とたくさん出会った。人は皆同じ。普通の人達だった。

11　何の役にも立たない警備保障会社

万引きの多いお店でのこと。以下、電話でのやり取り。

店長「万引きグループが来ていて見張っている。応援に来てほしい」

警備会社「私たちは行っても何もできませんよ」

今度は、オーナーが電話した。

オーナー「どうしても、お店に行ってもらえないのですか」

警備会社「我々は警察と違い、何の権限もありません」

オーナー「それでも一緒にいてくれるだけで心強いから、行ってほしい」

警備会社「わかりました」

やっと話がついた。我慢！

警備員が到着したのは、万引きグループが消えた後だった。ほんとになんの役にも立たなかった。何かあった時の警備保障ではないのか？

防犯カメラと警備会社はセットで契約することになっているが、コンビニ本部にとっては、契約することが防犯対策を指導したことになっている。警備会社が出動要請を渋るなんて、理不尽だ。つくづく腹が立ってくる。そんな警備会社はいらない。もちろん、翌年の契約は打ち切りにした。

12　初めての詐欺は、消火器の押し売り

オープンして数カ月後に、詐欺にあってしまった。店には、パートさん、アルバイトさん。店長はいなかった。店から電話があった。

「本部からの依頼で来たという業者さんが消火器を持ってきた」と言う。

本部を信頼していた店長は、そんなこともあるのだろう、と考えた。断ることもせず、言われた通り、消火器3本、3万8千円支払ってしまった。

「本部」と言う言葉はマジックだ。そう言われると受け入れてしまう思考になっていた。うかつだった。

本部に連絡し確認をとったところ、すでに詐欺にあっている店が数店舗あると知らされた。やられた。「え～?! どうしたらいい?」くやしい～! 教えてよ～!

本部の返答は、「困ったね」。それだけだった。こんな大事なこと、どうして事前に教えてくれないのか?

店長は世の中を知らなかった。消費者センターに相談したところ、内容証明を書くよう教えてくれた。見よう見まねで書いた内容証明郵便を業者に送った。返信はなかった。まんまと騙された。人を騙すことで生活している人が、この店に来たんだなと思った。多くの仲間が騙されたと思う。同じ失敗は絶対にしない、と心に誓った。

30年前、脱サラしてコンビニを始めたばかりの話。初めて、世の中の汚い出来事に触れた事件だった。

13 原因を作った奴、出て来いや!!

販促用のぼりを固定するコンクリートブロック。いつもあるはずの敷地内から道路に投げ出されていた。そこに、車が乗り上げた。けが人は出なかったが、その車は走行不能になってしまった。ドライバーは、「店の責任だ」と言ってきたので、オーナーが駆けつけ、警察も来て三者で話し合った。ブロックが道にあったことが原因だが、ブロックは誰かによって道路に移動されていた。こちらも被害者なのだ。「ブロックを破損された。被害届を出す」と伝えたところ、警察官はうなずいた。ドライバーが警察官と話し合い、しぶしぶ保険対応することになった。

誰がどんな思いでブロックを移動したのだろう。何人もの大人が後処理したことを知ってほしい。安易ないたずらでも、充分犯罪になることを知ってほしい。車を壊されたドライバーも気の毒だ。警察はビデオを見て調べることもなく、事件とはならなかった。原因を作った奴を探さないのか？コンクリートブロックを移動した奴、出てこいや！

14 何度も繰り返しているのに初犯扱い

背の高い、作業服の男。23時、向かいのパチンコ店が閉店して間もなく店に入ってきた。店内の奥でお茶2本、麺の棚からパスタを手にしてレジに来た。レジに出したのはパスタのみ。ペットボトルは、上着のポケットに入れていた。万引きだ!!

男はレジで1万円札と70円を払い、おつり9500円を受け取った。1万円札はレジの吟味台にある（吟味台とは、札を会計が終わるまで置き、預り金の確認をする台のこと）。男がパスタをレンジで温めるように告げ、店員が後ろを向いた瞬間、1万円札を獲ってポケットにいれた。窃盗だ！　店員は後ろを向いているのでまったく気がつかなかった。

翌日朝6時にレジの点検を行うと1万円が足りない。店内の防犯カメラを確認して、事の次第がわかったのだ。万引きと窃盗の被害届を警察に出した。

それから6日後、パチンコ店が閉店した同じ時間、駐車場の車の中にあの男がいた。すぐに警察に通報した。車のナンバーを控えた時、「なにしてるんだ！」と男が怒鳴りながら車から出てきた。男ともめているところにパトカーが到着した。男は、逃げようとしたが、私と警察が立ちふさがった。職務質問をして警察署に連行した。

5時間後の朝4時、自供したと連絡が来た。警察署に行き、4時間かけて調書をつくった。犯行は素早く、慣れている。何度も繰り返していたようだが、それは否認したという。

万引きは犯行を繰り返し、やっと気づくもの。初犯のはずはないのだが、これが現実だ。悔しい。危険と時間を費やして、数日間、緊張のなか見張り、やっと検挙できたのに、ほとんどの場合、初犯としての扱いになってしまう。捕まえる度に悔しい思いを繰り返してきた。法律は加害者をいたわり、被害者に厳しい。

15　裁判ってこんなに茶番劇だったの？

コンビニ経営の間、裁判所には何回も行った。まさか、裁判所とご縁ができるなんて思いもしなかった。

「万引き常習犯の裁判」小田原裁判所でのこと。2カ月にわたり、ハンガーガーを万引きして、捕まった浮浪者の男。裁判を傍聴した時、弁護士が言ったことばに唖然とした。「初めての犯行だから執行猶予をお願いします」と。

「ハンバーガー1個で、本人が深く反省している。初犯であることを考慮していただき、情状酌量をお願いしたい」と。なにが1回だ！　2カ月間、何度も万引きしたから、店長が気付いた。ビデオを調べ、やっと警察が動いて、捕まったんだろう！　最後の1回だけを罪状にしたというのか？

検察官が「いや違う。そうではない」と言ってくれたら溜飲が落ちるのだが、そうではなかった。「ふざけるな！」と言いたかったが、たった一人の傍聴者「私」は心の声を押し殺した。ここは裁判所法廷だ。

警察は、証拠があって初めて捕まえる。何回もやっているのに……、常習犯なのに……。警察は、何をどう説明したというのだろうか。法律関係者はまったくわかっていない。こんなに世間知らずでバカバカしいやりとりをすることにがっかりした。あまりの茶番にあきれ果てた。もし、知ったうえでの発言だとしたら恐ろしいことだ。万引き常習犯の裁判は理不尽だった！

16　裁判所は世間を無視。役所は変化を好まない（司法・行政に立ち会ってきたまとめ）

法をつかさどる人たちは、現実に起きていることを知らないのか？「前例を死守」しようとするばかり。

我慢することに慣れてしまった私は、裁判所でも我慢して声を飲み込んだ。（実際、声を出してはいけないらしいが）。適当なことを言う弁護士に、「それは違うだろう‼」と言ってやりたかった。

そして、労働基準監督署は状況説明など無視。特に主任くらいのポジションにいる人は、話を聞くという姿勢がない。自分は人の話を聞くことができる人になろう、とつくづく思った。

役所には勇気をもって変えようとする人は、見当たらなかった。教育委員会もそうだ。子どもや親に向き合わない姿を、いやというほど見てきた。こうした機関は変化を好まないようだ。

17　コンビニ強盗の恐怖。深夜営業って必要？

コンビニの「24時間営業」について、読者の皆さんは、どのように考えるだろうか。1年365日24時間の営業。確かに、いつ行っても開いているコンビニは、便利さこの上ないが、そこまで便利にしなくてもいいのではないだろうか。

深夜は客層が違う。強盗、盗難、窃盗、たまり場などリスクが大きすぎる。女性は、もちろん深夜勤務はさせられないし、男性でも恐い目に逢っているバイトは大勢いる。そして事件が起きた時は、警察に動いてもらうことになり、さまざまな手続きが必要になる。膨大な時間が費やされるだけでなく、ずっしりと疲労感。けっこうなストレスだった。

また、深夜営業は、経費がかかる。人件費はもちろん、照明をはじめとする光熱費がばかにならない。便利さとリスクを天秤にかけたとき、どうしてもリスクが大きいと感じる深夜営業は本当に必要なのか。深夜営業を求めるお客様は確かに存在するが、あまりにも便利になったコンビニ。今、見直す時ではないだろうか。

深夜のコンビニ強盗は午前2時～5時が多い。日本国内に5万5000店以上あるコンビニを警察が守れると思いますか？　警備会社は守ってはくれない。

「4」本部・会社編

1　大きく様変わりしたコンビニ業界

コンビニ業界の30年で大きな変化は、店舗運営。ものを売るだけでなく、便利なサービスを提供するようになった。それらは来客数アップにつながる。サービスの種類は、とにかく多い。以前からあった切手、たばこの販売に加え、宅配、コピー、ＦＡＸ、チケット、銀行ＡＴＭ、税金収納、そしてマイナンバーカードで証明書も取り出せる。現金払いだけでなく、クレジットカード・キャッシュレス・ポイント支払いなど次々に複雑になった。総菜の種類も増えた。おでん、コロッケ、フライドチキン、ポテトなどがレジの横にずらりと並ぶ。どれもパートさんがフライヤーで揚げている。

コンビニのサービスが増えれば当然のことながら、すべきことが増え、従業員のレベルアップがおいつかない。経営者が疲弊するのは目に見えている。

そして今では、フランチャイザー（本部）は、フランチャイジー（経営者）の疲弊を無視することができなくなった。現実に問題が起きてから、ようやく動くことになる。時代の流れとともにコンビニも変化してきた。コンビニが出始めた頃、コマーシャルで「開いててよかった！　コンビニエンスストア」という文句が盛んに流れていた。正月三が日は、百貨店も小売店もすべて休みだった。コンビニが開いているのがとてもありがたく貴重だったのだ。正月のコンビニの売上は相当なものだった。その後、ドラッグストア・スーパーマーケットも、３６５日いつでも開店、という流れになった。そして今、働きすぎが問題となり、昔に戻りつつある。「便利な店」は今も変わらないが、過剰なサービスと24時間体制は減らしたいものだ。

2 フランチャイズ経営の圧力と責任

6年で閉店した最初のコンビニ（ファミマ）経営、辞めた理由、実はこうだった。6年経過した頃、売り上げが激減した。近所の酒屋がコンビニになったからだ。どんなにいい店でも、競合が近くにあると、どうしても売り上げは落ちる。しかも、酒やタバコの販売免許がないこちらは弱い立場になる。

本部は、店を閉じることに決めた。だが、その責任はオーナーに向けられた。

本部から6人、店からは、店長の自分と妻の2人がテーブルで向き合い、裁判のような会議が開かれた。本部から「店のオペレーションが良くない」と告げられた。売上減の一番の理由は、近くにコンビニが出店したからなのだが、そこには触れない。あくまで店のやり方が原因で売上が落ちたと言い張った。

近隣にライバル店が開店↓売上減で閉店↓店長の責任とは、あまりにあちらに都合のいい言い分だ。ふつふつと怒りがこみあげてくる。いよいよ爆発しそうになったとき、隣の妻が声を発した。「何それ、こっちのせいなの⁉」、「言いたいことばっかり言って、そんなのおかしい‼」。そう言い放つと、席を立ち会議室から出ていった。よくぞ言ってくれた。溜飲が下がる思いだった。言われる一方ではやはり気が済まない。残された私は、プレッシャーの空気が漂う中、役員の前でこれまでの思いを吐き出した。

契約時の図面にある駐車場の舗装はいまだに手つかずだ。長期間、砂利敷きのまま、6年経っても舗装してはくれなかった。これは本部の不履行で契約違反に当たるのではないか。ここにも明確な答えはなかった。

フランチャイズの闇がある。結局は責任逃れで、本部は経営者を守ってはくれない。フランチャイジー（経営者）とフランチャイザー（本部）の力関係を思い知らされた。

結局、本来契約期間中に辞退するのは違約にあたるのだが、ペナルティはなく、在庫商品の一部のお金が戻ってきたのがせめてもの慰めだ。我慢した裁判だったが、最後に「6年間、店舗経営を教えていただきありがとうございました。感謝しています」と頭を下げた。思い残すことなく去ることができた。

3　本部の教育を素直に実行するクルー

コンビニ本部は指導という美しい言葉で、仕入れアップを強要する。たくさん並んでいれば、たくさん売れるということだ。売り切れ欠品では、チャンスロスになるので、さらに多めの仕入れを奨める。

正論に納得。しかし、売れ残ったら、お店の発注責任となり処分費用が発生する。最初のコンビニ店をオープンした時のこと。仕入れて店頭に並べた牛乳パック。2日目で、トイレにドボドボ捨てた。多分20本くらい。バブル期とはいえ、今思うと常軌を逸していた行動だとしか思えない。勉強会で教えてもらったことをすっかり信じていた私。食品を廃棄していた当時の自分は無知だった、と反省するばかりだ。本部の教育を素直に実行するクルー。これってなんだ。

今まで、クリスマスケーキ、土用の鰻、恵方巻など嫌になるほどの食品を捨てた。捨てる時の罪悪感。人としての感情をおし殺してきた。もう嫌だ。

4　コンビニの店舗数は過剰、変わるときに来た

新聞には毎日のように強盗記事が掲載されているが、これって当たり前なんだろうか。深夜営業は常に強盗におびえていた。深夜に集まる心悩ましい少年少女たち、万引きや散乱するごみ問題も。警

察だって多忙を極めている。

コンビニで働きたいと考える人は少なくなっている。それはそうだ。こんなに恐い思いをしながら働くのは誰だって嫌だ。

コンビニの店舗数は5万5000店を超えている。コンビニ店は新たに出店し、そして、いつの間にか閉店している。

競合が多すぎて、経営が行き詰まり、やむなく幕を下ろすオーナーも多い。次の仕事はどうするのだろう。本部は考えているの？　便利なコンビニ、便利になりすぎたコンビニ。「過ぎたるは及ばざるがごとし」。変わるときが来た。

5　コンビニの出店競争に振り回されて

すでにコンビニがあるのに、同じ地域に新たにコンビニが出きるのは何故？　と思ったことはありませんか？　それは大手コンビニのエリア拡大、出店競争に他ならない。本部からの説明は「あの土地に他のチェーン店が出店したら困るでしょう。だから当社が出るんですよ」と。その時、なるほど、と思ったが、出店があまりにも近すぎるのではないか？　お客様が分散されて、こちらの売り上げが減るのは明白だ。

本部は、店舗を増やす際、一番近くの店主に、新店の経営を依頼することが多い。しかし、店が増えれば利益が増える、というわけではない。

本部の提案を断れば、他のオーナーがやることになり、本部との関係も気まずくなる。たとえ、やりたくないと思っても、引き受けざるを得ない状況に陥ってしまう。本部とは良好な関係を維持していきたいのだが……。ずいぶん悩み苦しんだ。

やりたくない店を「やれ」と言われたことがある。売れそうにない店を「やれ」と言う。プレッシャーだった。どう断るか、喧嘩にしない言い方を考えた。言葉を選びながらローソンエリア長と2人きりで3時間じっくり話した。最後に「あなたならやりますか？」と私がポツリと訊ねると、「やらない」と答えた。翌年、その店は閉店した。

5番目の店の契約時でのこと。売り上げが期待できる店だった。ただ契約保証金は4千万円ほどになる。早く返事を、とせがまれたが答えはいったん持ち帰った。次に会った時、「早く決めないと他の人にまわすと言われた。「どうするんですか!!　やるの？　やらないの?!」と圧をかけられた。ここでも下請けの立場をいやというほど知らされた。

6 「お客様第一主義」ってなに?

本部から「お客様第一主義」と教わってコンビニを始めた。昭和の大歌手の「お客様は神様です」という言葉が流行し、私もいい言葉だな、お客様を大切に。と思いながら経営を続けてきた。

お客様とトラブルになったら「まず謝るように」とも教えられてきたのだが、その頻度が多いのには驚いた。すぐに「店長を出せ!!」と怒鳴るクレイマー。「本部に訴えてやる!」と叫ぶクレイマー。「責任者を出せ!」という言葉は何度も聞いてきた。理不尽なことに遭遇し、自分が壊れそうになることもたびたびあった。

ある日のこと。夜中に品出しをする店員が通路にカゴを置いて作業をしていた。20代の若者2人が来店し、そのカゴを蹴飛ばした。「床にカゴを置くのが悪い」と、店員を威圧した。店員はすぐに謝ったが、今度は「責任者を出せ!」と怒鳴る。

店長が、ここは早く終わらせようと土下座して謝った。するとなんとその日から5日間、嫌がらせをしに若者たちが来るようになったのだ。

若者がかごを蹴とばす→謝罪→嫌がらせ。結果「大失敗」の教訓だ。

タチの悪いクレイマー。壊れた人、病んでる人がやって来る。理不尽なことをされてなお謝るのはいけないことを知った。特にバカ相手には絶対に謝らない。会話は少なく、必要なこと以外は言わない。相手を見つめてじっと待つ。できないことは「できない」と言うだけだ。

クレイマーは、ちょっと強く言えばナントカナルと思っている。感情的になっているので、そもそも何が問題だったのか、原因は何かさえもわからなくなってくる。クレームに対して本部は腰が引けていた。お店と一緒に解決しようとしない。30年の間、何度もガッカリしてきた。契約書にうたわれているから、しっかりやってね！　という姿勢だった。

コンビニが「便利」「貴重な存在」ともてはやされていたのは、昔の話。今では、過剰サービスが当たり前となってみんながわがままになっている。

間違った事でも、すぐ謝罪してその場をやり過ごしてきたから、コンビニが軽視されるようになったのではないだろうか。だからクレイマーが増えるのだ。

甘すぎるサービスは不要だ。勘違いするバカが増殖するだけだ。間違っていることに対しては毅然とした態度が一番。バカに思いやりは伝わらない。

「5」家族編

1　最初は夫婦ふたりで1つの店を任される

私がコンビニオーナーになった1986年当時は、コンビニ自体がまだ珍しく、オーナーになる人が少しずつ増えていった頃だ。

最初、私たちも「この店を夫婦ふたりでやっていこう」と考えていた。本部から受けた教育は、ひとつの店をじっくり続けること。

ところが、20年ほど経過した頃から変化が出始めた。平成10年以降、本部の方針は、「複数店舗」という考え方にシフトしていった。コンビニ経営者不足と、1店舗の利益が少ないことが原因。コンビニ本部は、店舗を増やすことで利益を図ろうとする。

出店数が増加の一途をたどる→同エリア内でコンビニが増える→店と店の距離が近くなる→競合だらけとなる。

同一オーナーが近隣で複数の店を構えれば、当然ながら、1店舗の利益は大きく減ってしまう。さらに、店舗数が増えることで問題となるのが人員不足だ。24時間営業なのだから当然だ。店はてんてこまいで常に時間に追われた。

本部は、フランチャイジー（経営者）が疲弊している現状を知り、いよいよそれを無視できなくなった。そんな状況にも関わらず、解決策は講じられてこなかった。今後は、働く人にもやさしいコンビニを期待する。

2　61歳でコンビニ卒業

私のコンビニ人生はトータル30年間。ファミマが6年、ローソンが24年。最初は、ひとつの店をじっくりと営業するのが理想的と言われた。今では利益を得るため、複数経営が基本となり、最終的に4店舗持った。自分の性分としても納得していた。

6店舗をオープンし、2つ閉店した。

6店舗のうち4店舗の契約は、保証金3千万円が必要だった。全て金融公庫でローンを組んだ。この頃には、金融機関とも返済実績で信頼関係ができていたので、すんなりローンを組むことができた。

コンビニ経営の卒業を決意したのは60歳のとき。引継ぎなどもあり、店をたたむのに約1年弱かかったので、61歳で引退したことになる。体力にはまだ自信があったが、一人暮らしになったこともあり、がむしゃらに働く必要もなくなり、理不尽なことからぬけだした。

31歳から61歳まで、我ながらよくがんばってきたと思う。本当にやめるのか、と念押しされたりしたが、ちょうど辞めるタイミングのような気がした。まだ契約期間は残っていたが、最後の本部との話し合いでは、「ペナルティ」という言葉は出なかった。ねぎらいの言葉をいただき、引退することができた。

フランチャイズを続けられたこと。30年間、勉強できたことに心から感謝する。

3　家族の時間を持つことが大事

これまで仕事優先でがむしゃらにやってきた。毎日やるべきことが山積していて、それをこなすことで精いっぱいだった。

経験はすべて、勉強と思い、仕事を楽しんできた自分もいる。そこにうそはない。ただ、反省もある。今になって考えるのは、家族で食卓を囲む時間をもっと大事にするべきだったと。

妻とは定年の歳に離婚した。この仕事に理解してくれただけでなく、ともにずっとコンビニをやってきた同志でもあり戦友のような存在でもある。元妻がいてくれたから頑張れた部分も大きい。コンビニを初めて5年ほど経ったとき、経営の辛さに疲れ果て、「もう辞めようか」と泣き言を言ったことがあったが、その時も「もう少しがんばろう」と明るく励ましてくれた。一緒にやってきたから乗り越えてこられた、と感謝している。

男にとって、仕事の充実は大事だし、やりがいでもある。仕事が順調だと何もかもがうまくいっているような気がしたが、それもやはり家族あってのこと。

家族は掛け替えのない存在だ。家族と過ごす時間や一緒に食事をしながら会話する時間が大切だった。

「6」でも良かったことも編

1　今も年賀状を送ってくれる女の子

つらいこと大変なことがばかり思い出すコンビニ時代だったが、もちろんいいこともたくさんあった。

特に嬉しいことは、過去一緒に働いてくれていた子が、いまも連絡をとってくれていること。そんな子は、当時から自分を見つめていたし、今ごろは自分の夢を叶えているように感じる。ある女の子は、目標の鍼灸師になり、自分の店を構えるまでになった。そんな知らせを聞くと、自分のことのように嬉しく感じる。

毎年、年賀状を送ってくれる子も何人かいる。昔、ともに働いてくれた人たちとの時間は消えることなく脳裏に焼き付いている。そんな仲間達に感謝している。

2　父親のいない沖縄の男子

バイトの募集にはいろいろな子がやってくる。その一人が、沖縄出身の母子家庭で育った男の子18歳。彼にはけっこう悩まされた。何かトラブルがあるごとに付き添ってきた。

ある日、その子と外食したとき、彼が私のことを「おやじみたい」とつぶやいた。彼には父親がいなかった。あーそんな風に思ってくれていたんだな、私みたいな人間でも、少しは彼の心の中に入ることができたのかと、嬉しくなった。

3　バックルームに段ボールを敷いて寝る

オープンから3カ月くらいの時のこと。とにかく仕事の量が多く、目の前にやること、すべきことが常に山積み状態。「寝食を忘れて働く」とはこのことだ。ちょっと休みたいと思っても、忙しすぎて帰宅できなかった。

そんな時は店内で休んだ。ある日、疲れがたまり立っていられなくなったので、バックルームに段ボールを敷いて寝た。その時、横になるだけでもありがたいと感じた。布団で寝ることがどれほど有り難く幸せなことかと、こんな体験をすると、感謝の気持ちが湧いてくる。ご飯を食べられること。布団をかけて寝ること。それは当たり前のことではなかった。

4　私を大人にしてくれたコンビニの仕事

コンビニ経営の30年間、ずっと学びの連続だった。商売のおもしろさ、厳しさ、情けなさを知り、私を大人にした。毎日のように出来事があり、それを解決するために多くの経験を積んだ。大変な日々だったが、ずいぶん成長させてもらった。この仕事をしていなかったら、世間知らずのままだっただろう。

振り返っても、私がコンビニ経営に携わってきたことに悔いはない。その時の自分が「やってみたい!!」と感じた気持ちに素直に従い30年間やってきた。達成感と満足感がある。もしサラリーマンをつづけていたら、と思うとゾッとしてしまう。

時間、そして多少のお金が持てるようになった今、低い山のトレッキングと日本中の旅をしている。現在68歳。体が動くうちは続けたい。

人との出会と別れを短時間で完結し、繰り返してきたのが「接客」だ。笑顔で挨拶して、笑顔で帰っていくお客様との時間は、何物にも代えがたい。お客様から、たくさんの笑顔とねぎらいの言葉を受け取り、救われた日々に改めて感謝したい。「笑顔」と「ありがとうございます」に勝るものはないと思う。

5　数年経っても距離を感じない関係

長く付き合ってくれたパートさん、アルバイトさん。協力しあいながら仕事をしてきた仲間達とは、どんなに月日が経っても会えばすぐに打ち解ける。苦楽を共にした人達とは、数年ぶりに会っても距離が近く感じられる。違和感なく会話できるのがとても嬉しい。

この仕事を始めてから、本当に大勢の人たちと関わってきた。1店舗に常時10~15名は働いていたので、おそらく200人以上になる。この仕事をしていなかったら、出会うこともなかった人たち。私と関わってくれたすべての方々に感謝の思いでいっぱいだ。

6　経営理念は「大きな声で挨拶」そして感謝の心

コンビニはオーナーによって、それぞれのカラーがあり、雰囲気が存在する。私の経営理念は、挨拶をきちんとすること、そう決めていた。小声ではなく、周囲に聞こえる大きな声で「いらっしゃいませ!」「ありがとうございます!」と挨拶する。

挨拶は基本。私は、店回りをするときも、最初の言葉は「ご苦労さん」ではなく、「ありがとう」

という言葉をかけることを信条としていた。ねぎらいの気持ちを込めている。もちろん、ご苦労様、という気持ちもあるが、それよりも「いつも働いてくれてありがとう」という気持ちの方が強い。感謝の心は忘れたことがない。

7　お客様との信頼関係

昔はタバコやお酒を売るためには、免許が必要で、抽選器（ガラポン）で決めていた。市内で3～4軒しか当たらない低い確率だった。すでに酒屋を経営していた店がコンビニになるケースが多かった。

4年越しに酒の免許がとれた。毎日のように通ってくれるおじさんがいた。毎日のように顔を合わせていたので、少しずつ仲良くなり、会話を交わすようになった。靴屋さんだということもわかった。話題も広がり、いろいろなことを話して友達のような関係になった。もちろん、客とオーナーの立場は理解しながら……。

「あんまり酒を飲みすぎるんじゃないよ」「仕方ないなー、売ってやるよ、1本だけな」と言いながら、焼酎缶を手渡すと、おじさんも「あー、また言われちゃったよ。酒飲むなってさ」と、明るく笑いながら返してくれる。そんなラフな会話を楽しめるほど親密な間柄になった。

高齢の一人暮らしのおばあさんが、気さくに声をかけてくれた。「いつもありがとうね」と優しくねぎらってくれる。「こんな店があって本当に助かるわ」と言われると、心の中がバーッと温かくなる。

「今日はひじきの惣菜があるよ」「こんなサラダもあるよ」と言って、お勧めのおかずを持ってきたり。たわいないやりとりをするそんな時間がとても楽しい。大切なお客様に、こちらもできるだけのことをしてあげいと思った。

8 本部にいた自分の味方

本部に対する文句や不満はあったが、本部の存在のおかげで、30年間やってこれたのは事実。本部には親身に相談に乗ってくれる人ももちろんいた。店の問題について、本音で話し合った。

そうはいっても本部はとてつもなく大きな組織。会社の方針とこちらの言い分という板挟みにあって、さぞ苦しい思いをしたことだろう。転職や退職をする社員も少なくなかった。

私の意見を尊重してくれた社員さんも、いつしか担当をはずれてしまった。彼らの気持ちはしっかりと受け止めている。ありがとう。

「7」コンビニ経営を始めたいあなたへ

1　契約保証金とは

31歳でコンビニを始めるとき、300万円出資した。37歳で、平塚のローソンを出店するときに3500万円出資した。初めてのローンは我ながらすごい数字だと思う。そのほとんどは保証金。保証金とは、請負契約義務の履行を確認するための担保。本部が見込んだ売上額を基準に設定される。契約内容にもよるが、1店舗3000万円程だった。。

現在は、内容も更新されているようだが、私の時の話をすると、商品代金300万円、保証金が3000万円必要だった。利益の分配率は、契約により異なる。

出資金額によって異なるチャージ額。たとえば、300万円の出資では、粗利の50%となるが、保証金＋300万では、粗利40%くらいだった。

新店は、本部の見込み（売上利益、客数）から算出され、すべて本部が設定する数字から、契約書が作成される。

1日40万円の売上だと、月1200万。50万だと月1500万円。2カ月分を保証金としていた。私は6店舗と契約したが、そのうち4店舗は3000~4000万円のローンを組んだ。さらに、商品代金その他で500万円が必要となる。この契約だと、粗利益の60%がオーナー、40%が本部という配分になる。

契約書の内容はしっかり確認し、質問をして納得してから印を押してください。

2 我々は契約の素人。プロの説明は俯瞰すべし

「契約書」の内容は本当に難しい。それでもちゃんと目を通していないと、素人は足元をすくわれる。店を始めるほとんどの人が、契約についてはまったくの素人。すべてが初めてのことばかり。契約書には、本部寄りの絶妙な文言が並んでいる。

一度契約したら、簡単に後戻りはできない。売上が伸びなくても人員不足になろうと、営業を続けるしかない。隠れた重要事項が「解約ペナルティ」。問題なく契約期間満了できればいいが、契約期間の途中で辞めるとなるとペナルティーが重くのしかかる。強く言えない立場を思い知ることになる。

素人は、なかなかここまで考えきれないのだが、大切なことなのでこれからFC経営を始めたい人に伝えたい。説明は俯瞰してこそ理解できる。そして、３６５日24時間営業という時間軸を理解しているだろうか。そこをしっかり見極めてほしい。

もし、耳に心地のいい話ばかりのときは要注意だ。少しでもわからないことがあれば、とことん聞

いて、納得して契約してほしい。はっきりもの言うことで、従属的関係ではなく、対等に近い関係をつくってください。経験値を積んでくると、本部との関係性ができあがる。本部といい関係でいることが条件の一つになる。

3　オーナーの考え方と姿勢を示す

コンビニ経営をしていると、さまざまなことが起こる。思いもよらないアクシデントは数知れない。商品販売、接客だけではない。お客様にもいろいろな人がいて、中には短気な人や威張る人、態度が横柄な人、ひどい場合は、万引きや窃盗、嫌がらせをする人がいる。コンビニの万引きは、本当に多い。営業以外のトラブルやアクシデントは、解決するまでの手続きが大変だし、時間もかかる。そして、莫大なお金がかかることもある。面倒だからといって、なかったことにしたり、見て見ぬふりをすると、あとで必ずつけが回ってくる。けじめをつけるべきだ。

コンビニオーナーの言葉、行動の一部始終を従業員は見ている。一貫した考え、態度を持ち続けることが大切だ。

4 食品の廃棄について

この仕事で一番心苦しかったのは、売れ残る商品の廃棄だった。コンビニ本部は、指導という名の下に適した品揃えを推奨し、納品数量も提案してくれる。売り切れるのはチャンスロスになるからもっと仕入れましょうとなり、売れ残ると店側が廃棄する。経費はお店持ちだ。

これまでたくさんの食品を捨ててきた。クリスマスケーキ、海苔巻き寿司、うな重、おにぎり、弁当、サンドイッチ、パン、牛乳、野菜、バナナ……。数え上げたらきりがないほど、まだ食べられる多くの食品を捨てた。

本部の指導で原則はやってはいけないことだが、母子家庭のパートさんにあげたこともあった。規則違反であり、心の中は板挟みで苦しかった。

コンビニ1店舗につき、1日3万円分の廃棄は当たり前、と言われていたバブル期。貧しかった昭和生まれの私には、空虚な思いだった。苦痛を抱えながらも処分していた自分がいた。

そしてさらに、ゴミ処分経費が月に3万～4万円かかる。これを繰り返した私は、ついにフランチャイズのオーナーを辞めた。食材を捨てる行為から解放されて、心底ほっとした。フードロス問題が取りざたされ、少しずつ改善しているようだが、根本解決には至っていない。

5　夜間勤務について

夜間の勤務は、基本二人対応となっている。防犯を考えた時必要なことだが、人件費がかさみ、二人体制にするのは難しいのが正直なところだ。

アルバイトを一人おいて、あとは店長かオーナーがフォローする体制が多かった。2～6時の売上は数千円だった。

従業員の安全を考えても、当たり前の深夜営業は考え直すべきだ。

6　コンビニを辞めるとき。引継ぎの話

コンビニを辞めるのも簡単ではなかった。周囲から「なんで辞めるんだ」、「いいときに辞められた」、そして「次は何をやるんですか」などと言われたりした。30年間にピリオドを打つのは寂しかった。そして割り切れた感もあった。私なりによくやってきたと思っている。自分が関わったお店が、これからも住民に愛される店としてずっと存在してほしいと願います。

辞めることを考えて、始める方はいないと思う。しかし、辞めることも決断のひとつ。10年、期間満了した時、次の10年をどうするか考えておきましょう。また、退職後は国民年金だけでは生活できないので、必ず補完できる方法（年金基金、年金保険など）が必要だということも伝えておきたいと思います。

7　コンビニ経営を始めたい人へ

この本を手に取っている読者の皆さんの中には、コンビニ経営に関心を寄せ、今後、フランチャイズのオーナーになりたい、と考えている人がいらっしゃると思います。コンビニのオーナーという響きに心躍らせ、夢と期待で、これから頑張るぞ、と意気込んでいたのは昔の私の話。契約に関して何も知らなかったために、さまざまな問題を抱えることになりました。

そうならないための、契約前の注意点

契約を交わす前に、やっておかなければならないことは、まず、自分が「どんな店を経営したいのか」ということを明確にしておくこと。きちんと伝えない限り、本部から促されるままに、店舗が決まってしまいます。立地にしても、こちらから、希望を伝えましょう。自分でも勉強して、土地を調

べ、住民の声を聴きリサーチする。

住まいを決めるときと同じです。環境、人の流れ、交通量、客層、年齢層などを事前に把握しておきましょう。

もちろん、本部も、多くのデータを持っているので、説明はしてくれます。こちらがおとなしく何も言わないままでいると、「こちらはどうでしょう」と都合のいい話にのせられてしまいます。希望をしっかりと主張できるくらい勉強しておくことをお勧めします。

そして、以下の心構えが大切です。

・下請けの仕事だと覚悟は決めているか
・圧力の繰り返しに耐える覚悟はあるか
・利益は保証されていないこと

いざ契約となった際は、契約内容をしっかりと端から端まで目を通し、わからないことがあれば遠慮せず、なんでも質問すること。

契約の素人は、契約書の内容をきちんと確認しないまま、印を押してしまうことがあります。あとから「こんなはずじゃなかった」と、後悔しないためにも、時間をかけて確認しましょう。納得のいかないところがあれば、契約を保留する覚悟で取り組んでください。

おわりに

「コンビニを30年やって、いま思うこと」

コンビニ経営を30年間やってきました。毎日、無我夢中で走り続けてきました。31歳の時、「コンビニエンスストア」という店の在り方や考え方、斬新な販売方法に出合い、感動して、この仕事を始めました。楽しみながらいろいろなことを学び、実践してきました。コンビニ経営は、大きなやりがいとなりましたし、来店くださった大勢のお客様に喜んでいただけたと自負しています。

本音を言えば、思い出したくないことがたくさんあります。

コンビニ経営者のほとんどが、理不尽なことだと思いながらも、仕方ないと諦めたり、黙認したり、我慢してやり過ごしているのではないかと思います。

食品ロスの問題と理不尽極まりないクレーマー。コンビニ経営を辞める決心をしたのは、この2つが大きいといえます。

業界から離れて数年経過すると、本質が見えてきます。コンビニは便利だし、今では防災インフラとしてもなくてはならない存在となっています。それでも、コンビニが抱える問題はたくさんあり、改善するべき点は多々あります。

以下は、30年コンビニに関わってきて私が感じたおもな内容です。

- 契約書の内容の見直し（本部に有利）
- 店舗数が多すぎる
- 食品ロス問題の解決
- 過剰なサービスは、もういらないのではないか
- 365日24時間、すべての店が必要なのか
- 経営者がきちんと休める時間を確保すべき
- 経営者の収入を安定させるべき
- クレーマー対応、店だけの責任にすべきではない
- 人員の確保と業務の軽減

コンビニは適当な数にすべきです。同エリア内で、コンビニの開店、閉店を繰り返す今、人と人の触れ合いや会話を大切にして、地域に愛される少数精鋭のコンビニが長く続くことを願っています。理想は、1つの店舗をしっかり運営すること。そして、すべてのコンビニが24時間営業する必要はないと思います。行き過ぎたサービスは必要ありません。

本部も、コンビニの人手不足、食品ロス、人権問題を無視できなくなり、最近は変わりつつあります。さまざまな対策が練られており、人を置かない「無人化店舗」の取り組みもそのひとつですが、私自身は無人化店舗にはあまり賛成できません。店舗というのは、人と人のつながりが生まれるところ。温もりやコミュニティが広がる場所です。人件費もかからず、無駄がなく合理的かもしれませんが、言葉を交わすこともない、単に目的を達成するためだけの無機質な空間になることは容易に想像できます。そんな店が増えていくのは残念です。

仕事を離れ、自由な身となったいま、私は大好きな旅に出る機会を得ました。これまでできなかった国内の旅に出かけ、日本の素晴らしい魅力を再発見しています。今一人の客として、日本各地のコンビニを利用させてもらっています。店に入るたびに、コンビニ時代が懐かしく思い出され、感慨深い気持ちになります。お店で一生懸命に働いているオーナーや店長、パートさんを見かけると、「頑張ってください」と応援してしまいます。

２０２１年時点で、日本にコンビニは5万６０００店舗存在しています。ずいぶん増えたものです。今後も世の中がどんなに変化しようとも、コンビニの存在がなくなることはないでしょう。心から願うことは、コンビニが本当に必要とされ、良い形で続いていくことです。

この仕事で出逢った仲間たちとの泣き笑いの日々も私の宝物として、かけがえのないものになりました。感謝の気持ちでいっぱいです。

最後まで読んでいただいた皆様、ありがとうございました。また、私のとりとめのない雑感を形にしていただいた湘南社の田中康俊代表にお礼申し上げます。そして、これまで、私を支え応援してくれた元妻や娘たちにも感謝の言葉を送ります。ありがとうございました。一人きりでは絶対に乗り越えることができませんでした。

最後に、私からのメッセージを。

コンビニ経営を考えている人のために、コンビニ出店コンサルタントとしてお役に立ちたいと考えています。最初はだれもが経営の素人です。フランチャイズ（ＦＣ）の仕組み。店はどうやって決まるのか、よくわからないという人も多いと思います。

コンビニ経験者の声やコンビニに関する情報を得ることは、とても大切な要素です。私自身が過去経営をスタートする時に求めていたことでもあります。ご出店にお悩みの方はご相談ください。経験者として精いっぱいお答えしますので、疑問や質問がありましたら、お気軽にお問合せください。今になってわかることがたくさんありますので、コンビニオーナー経験者の一先輩として、アドバイスさせていただきます。

コンビニ出店コンサルタント　石黒たつや
石黒たつや　annzu3143@gmail.com

コンビニで本当にあったあきれた出来事

発　行　2023年12月20日　第1版発行
著　者　石黒たつや
発行者　田中康俊
発行所　株式会社　湘南社　https://shonansya.com
神奈川県藤沢市片瀬海岸3－24－10－108
TEL　0466－26－0068
発売所　株式会社　星雲社（共同出版社・流通責任）
東京都文京区水道1－3－30
TEL　03－3868－3275
印刷所　モリモト印刷株式会社

ISBN978－4－434－33239－5　C0063